Couvertures supérieure et inférieure
manquantes

LA
QUESTION COLONIALE

PAR

LUCIEN HUBERT

COMPIÈGNE

IMPRIMERIE HENRY LEFEBVRE

31, RUE DE SOLFERINO, 31

—

1893

QUESTION COLONIALE

On nous a souvent reproché de n'être pas colonisateurs. Quand je dis : *on*, je suis bien forcé d'avouer
que ce *on* fut souvent *nous-mêmes*.

Oui, nous nous sommes reproché *nous-mêmes* de
n'être bons à rien au dehors de notre continent où
cependant nous n'avons plus grand chose à espérer.

Et nos députés ont suivi l'opinion.

A époques fixes (celles des demandes de crédits
coloniaux), bon nombre d'entre eux bondissent à la
tribune, et pathétiquement tendent les bras vers nos
chères frontières entamées, comme si la colonisation
pouvait entraver l'accomplissement du premier de nos
devoirs.

Or, je le dis ici sans crainte : de pareils hommes ne
peuvent être que malavisés ou ignorants, et, par respect
pour eux, j'incline vers l'ignorance.

Ils ont fait de la question coloniale une sorte d'échelle
électorale.

Tandis que les uns traînaient dans la boue de leurs
arguments quelques martyrs de notre politique coloniale, d'autres défendaient avec une égale violence
l'homme autour duquel s'engageait la lutte.

Et cet homme restait là, glorifié ou abattu, mais

personnellement, sans que son idée ait fait un pas de plus dans l'esprit du pays.

Et je trouve qu'il est grand temps que nous unissions nos forces et nos intelligences pour la belle cause que nous plaçons bien au-dessus des coteries de couloirs, et qui fera la gloire et le plus grand orgueil de cette République que nos pères ont solidement fondée, et qu'il nous convient aujourd'hui d'enrichir.

Donc, nous ne sommes pas colonisateurs, dites-vous?

Et pourquoi?

Manque de temps, sans doute?

Le temps, on le trouve toujours; ce qu'on ne trouve pas et qu'il faudrait cependant, c'est la patience et la sagesse.

La patience d'attendre un résultat souvent lent à venir, mais toujours certain; la sagesse de ne pas soumettre cette grande politique coloniale aux fluctuations de la politique continentale, et de ne point tuer une colonie avec un homme ou un ministère.

C'est bon! répondent ceux-là à qui je m'adresse; mais quand bien même nous serions colonisateurs, lutterons-nous jamais avec ces maîtres du genre, nos voisins les Anglais!

Ah! je les attendais-là!

Mais la grande force de vos idoles dans le genre, ce n'est pas une faculté spéciale d'assimilation ou de commerce.

Mais la force de la politique anglaise, c'est l'indélicatesse et la fourberie, mettons « *roublardise* », et cette *roublardise* nous pouvons l'éviter, à condition de la bien connaître; c'est encore l'entêtement patient, et nous pouvons l'avoir comme eux.

Et voyons un peu cette politique tant vantée, prenons quelques exemples dans l'histoire.

Tandis que nous conquérions au prix du meilleur de notre sang les rives des fleuves rouges ou les sables de l'Afrique ; tandis que nos soldats, semant de leurs cadavres les plaines sanglantes de l'avenir, dotaient la République d'un magnifique empire que nous jalouse l'Europe ; tandis que les Courbet, les Rivière, les Doods, montraient au monde, autant effrayé qu'étonné, quel sang vivace de martyr ou de vainqueur coulait en leurs veines de soldats républicains, nos voisins les Anglais, *les maîtres du genre*, entassaient sans aucun profit les cadavres de leurs soldats dans les sables de la défaite et dans les plis de leur drapeau vaincu..... malgré toutes ses étoiles.

** **

Mais tandis qu'elle enterrait sans honte et flegmatiquement son orgueil militaire, l'Angleterre se consolait en pensant « qu'elle n'est pas un pays mais une combinaison, qu'elle ne s'appuie pas sur un sol mais sur un crédit, qu'elle ne peut être ni généreuse ni attendrie, et que le jour où elle serait sensible elle serait perdue ».

Et les quelques exemples que je vais citer prouvent bien, en même temps que la fourberie anglaise, toute la vérité de mes assertions.

Voyons d'abord les affaires d'Égypte. A l'avènement d'Ismaïl, en 1863, la dette de l'Égypte était de 75 millions.

Jusque-là, rien de bien fort, mais voilà :

Ces 75 millions, prêtés à l'Égypte par l'Angleterre, étaient couverts par une garantie sur les canaux et les chemins de fer.

Cela ne suffisait pas.

L'Angleterre soudoie le premier ministre d'Ismaïl, Nubar-Pacha ; ce dernier encourage si bien les folies de son souverain, qu'en 1876 la dette s'élève à deux milliards.

Cela ne suffisait pas encore, mais c'était un acheminement vers le but.

Le neveu de Nubar-Pacha pousse Ismaïl contre Jean d'Abyssinie. Ismaïl battu, perd son armée, ses subsides, tout.

L'Egypte alors, lassée d'escompter pour vivre à 20 et 25 0/0 des lettres de change qu'elle tire sur elle-même depuis 1873....., vend à l'Angleterre ses actions du canal de Suez.

Et le tour est joué à la plus grande gloire de ce qu'on appelle la fine politique anglaise.

*
* *

Cela, du moins, nous fut une leçon dans l'affaire de Madagascar.

On cria, on tempêta à la Chambre lorsqu'on apprit que les Hovas, qui nous devaient dix millions d'indemnité de guerre, voulaient nous en emprunter 45.

On agita la fibre de l'honneur.

Sans doute, on demanda s'il fallait donc donner son sang et son argent ?

Mais à temps, on vit là-bas l'anglais Kindon et ses 45 millions, pour lesquels il allait obtenir en garantie les droits de douane et d'octroi, ce qui donnait simplement, soyez-en sûrs, Madagascar à l'Angleterre.

D'ailleurs, n'était-ce pas là son but à cette grande fourbe qui ne cessa de prétendre, de 1814 à 1837, que cette île immense qui nous appartenait depuis 1662, dépendait tout simplement de ce petit îlot de *Maurice* que nous lui avions d'ailleurs cédé. N'avez-vous pas vu, tout récemment encore, à propos des incidents de Siam, sir Charles Dickle formuler la même prétention ridicule à un interviewer du *Figaro*.

Et à Terre-Neuve, où nous avons la pêche libre depuis le traité d'Utrecht ! n'est-elle pas venue encore contester une partie de nos droits acquis, en établissant, en 1875, sur la foi de tous ses naturalistes, une distinction énorme entre le poisson et le crustacé, et en remuant le monde sur cette stupide question du homard?

Et puis avons-nous à nous étonner de ces vilenies chez une race dont le principe de colonisation est la destruction de l'indigène, et qui a trouvé le moyen, pour arriver à ce but, de remplacer la bonne poudre qui lui coûtait cher par le mauvais alcool qui tue mieux que la balle et rapporte 80 0/0.

* *

Ah ! je ne viens pas dire que nous soyons d'excellents colonisateurs. Il faudrait pour cela oublier que lorsque Jean Dupuys, ruiné et lésé, vint commencer en France sa croisade pour le Tonkin, un de nos ministres lui offrit un million d'indemnité pour qu'il abandonnât sa *Marotte*.

A quoi Jean Dupuys répondit noblement qu'il travaillait aussi bien pour son pays que pour lui-même et que, n'ayant nul besoin en France du million proposé, il voulait simplement qu'on lui rendit ses terres..... là-bas. Quant à cette conduite d'un ministre, et pour faire la part des choses, il faut reconnaître que nous avons vu se développer à l'extrême la crainte des *responsabilités*.

Il faut à une décision, pareille à celle d'une expédition lointaine, l'appui d'une majorité préparée à cette grande œuvre de la colonisation.

Un ministère républicain, quel qu'il soit, n'hésitera pas à concourir au bien de son pays lorsqu'il saura que, malgré les agitateurs et les mauvais augures, il peut compter sur une majorité de braves citoyens prêts à donner tout ce qu'il faut pour la grandeur de la patrie qu'ils représentent.

Mais si je ne dis pas que nous soyons des colonisateurs hors ligne, il ne s'ensuit pas pour cela que nous ne puissions l'être tout comme nos voisins d'outre-manche.

On est ce que l'on veut, et pour notre malheur nous n'avons jusqu'ici voulu rien être.

On a bien agité à différentes reprises l'évocation d'une France agrandie au-delà d'elle-même et rayonnant de toute sa civilisation sur le monde entier.

Mais c'est tout.

Quelques hommes dévoués ont vainement tenté d'enrôler des soldats derrière leur drapeau, ils n'ont réussi qu'à peine.

Pourtant nos doctrines coloniales, à nous, valent bien qu'on en tente l'application. L'affaire n'est pas qu'on jette en pâture à l'opinion publique des morts glorieuses comme celles des Douls, des Crampel, des Flatters et tant d'autres.

Il ne suffit pas d'aller applaudir les conférences de ces courageux que sont les Brazza, les Binger, les Mizon, les Monteil, les Fondère, les Méry, les Pavie, les Aymonnier.

Il ne faut pas que le roulement de nos applaudissements constitue pour ces braves la suprême récompense.

Ce n'est pas cela qu'ils ambitionnent, eux qui ont fait d'avance le sacrifice de leur existence à la patrie.

Ce qu'ils demandent, c'est que la patrie, à son tour, fasse le sacrifice de son argent pour entretenir l'œuvre qu'ils ont commencée en son nom. C'est qu'il ne soit pas dit que la République française est la seule à ne point soutenir ses nationaux lorsque, par les services qu'ils lui ont rendus, ils ont bien mérité d'elle.

* * *

A côté de ces héros modestes, qui ont suivi pas à pas et sans forfanterie la route du devoir, d'autres plus forts, de cela même qu'ils furent charlatans, éclaboussaient de leur gloire de clinquant la renommée que nous n'avons pas assez octroyée aux nôtres.

Vous vous souvenez des explorations de Livingston ?

Cet homme, fatigué de sa tâche et cherchant le repos

là où on le trouve, s'arrête un jour en pleine Afrique. Naturellement, en Angleterre et partout, on le croit perdu.

Il s'élève un tel bruit autour de cette pseudo-disparition qu'un reporter du *New-York Hérald*, poussé par la seule idée d'un reportage monstre, n'hésite pas à se mettre en quête de l'interview rêvée.

N'ayant pas encore songé à délivrer des pachas, M. Stanley se contentait de retrouver les citoyens anglais qui n'étaient point perdus.

Conséquences : un fort tirage du *New-York Hérald* et le succès d'un livre à tapage : *Comment j'ai retrouvé Livingston.*

Mis en goût par ce succès de librairie, nous verrons plus tard M. Stanley rapporter de ses explorations un roman extravagant qu'il intitulera pompeusement : « *Dans les ténèbres de l'Afrique*, » bien que ce Montépin exotique ait trouvé là une affaire excessivement *claire* et à beaux bénéfices.

Et voyez, la presse française n'a certes pas marchandé ses félicitations à nos compatriotes plus modestes, mais elle s'est littéralement emballée sur Stanley et son ouvrage.

La presse européenne lui a fait une réclame tellement monstre qu'aujourd'hui, de par cette publicité intempestive, l'Afrique semblerait vraiment le domaine de ce Yankee brutal. Lui le croit sans peine.

Je n'irai pas jusqu'à nier à Stanley le mérite de ce qu'il a fait ; mais je constate avec regret qu'on n'a rien marchandé à cet homme, tandis que les nôtres luttaient péniblement, et au prix d'efforts surhumains, contre les difficultés en face desquelles ils n'étaient pas assez armés et qu'ils surmontaient pourtant.

Stanley d'ailleurs ne fut jamais embarrassé.

Sans vergogne, il passa au service de l'*Association internationale africaine*, et devint simple agent pour l'exportation.

* *

Dès ce moment, une véritable fièvre envahit l'Europe; on se précipite sur l'Afrique, on la morcèle.

La *France*, le *Portugal* et l'*Association internationale* s'emparent du Congo.

Naturellement cela donne lieu à une discussion où, *comme par hasard*, interviennent l'Angleterre et..... M. de Bismarck.

Et au nom de quoi intervint M. de Bismarck ?

Au nom de quoi eut-il le talent de se mêler à une conférence coloniale ?

Au nom d'une petite colonie africaine Angra-Pequena, lieu de trafic où se fonda, en 1820, la ville de Bethanie, petite bourgade de missionnaires et appartenant à la maison Luderitz, de Brême, dont le directeur plaça, le 24 avril 1884, les possessions sous l'égide du gouvernement allemand en lui transférant tous ses droits.

C'est alors que l'acte du Congo, en 1884, donne le Congo à titre personnel au roi des Belges.

On en profite pour ratifier ce principe allemand ridicule et qui ne pouvait germer qu'en quelque cervelle teutonne : l'Hinterland qui dit: *Toute puissance ayant un point sur la côte peut s'étendre au fond, jusqu'à la rencontre de la puissance établie en face.*

* *

Avant d'en arriver aux différents systèmes de colonisation et à leur discussion, je pense qu'il nous est indispensable de prendre dans l'histoire coloniale quelques types du genre.

Si vous le voulez bien, nous étudierons la colonisation espagnole, la Compagnie hollandaise des Indes de 1602, nous verrons ensuite le type existant de colonisation religieuse, et enfin le peu d'avenir de la colonisation militaire actuelle.

Vers le quinzième siècle, la fièvre coloniale avait atteint son maximum d'intensité. L'Inde magique engendrait cette fièvre de l'or, car jusqu'à nouvel ordre c'était ce seul métal qui allumait toutes les convoitises. Comme plus tard, vers l'Amérique, comme de nos jours, vers l'Afrique, tous les efforts et toutes les convoitises convergeaient vers la terre inconnue, aux déceptions promptes comme aux richesses faciles.

Déjà Diaz avait gagné le Cap, Vasco de Gama l'avait doublé.

En 1516, les Portugais touchaient la Chine.

En 1502, d'Almeida avait trouvé l'Inde.

Vers cette époque, les Hollandais venaient chercher à Lisbonne les produits de ce pays, si bien que lors de la réunion de l'Espagne au Portugal, sous Philippe II, les catholiques espagnols trouvèrent bon de fermer aux hérétiques hollandais les portes de Lisbonne.

Ce fut la fortune de la Hollande.

Privée des produits de l'Inde, nous verrons qu'elle n'hésita point à les aller quérir directement là-bas. Jusqu'alors nous ne voyons guère apparaître de système colonial bien net.

Mais voici Christophe Colomb.

Colomb avait deviné la forme du globe. Il aurait pu deviner aussi l'existence de cette terre immense : l'Amérique déjà soupçonnée et chantée par de chimériques poëtes comme *Pulci*.

Quoiqu'il en soit, non-seulement Colomb ignorait l'existence de l'Amérique, mais il l'ignora jusqu'à sa mort. Chercheur d'une nouvelle route vers l'Inde, il se crut simplement aux Indes et garda cette conviction. En conséquence, il n'eut pas l'ombre d'une hésitation à baptiser les indigènes du nom d'Indiens. Et preuve curieuse de ces assertions il avait emmené avec lui des interprètes arabes à son premier voyage aux Antilles.

Somme toute, la découverte scientifique de l'Amérique reviendrait à Balboa et Magellan.

Voici les traités de Christophe Colomb avec Ferdinand le Catholique.

Il était nommé gouverneur à vie et touchait 1/10 des revenus.

Le roi, de son côté, se réservait 1/5 des métaux précieux.

C'était là, n'est-ce pas, de jolies conditions pour le gouverneur.

Malheureusement, cela n'alla pas tout droit.

Colomb perdit sa situation. Cortez et Pizar plus tard ne furent que des massacreurs catholiques. Les successeurs de Colomb ne cessèrent de martyriser les Indiens dont ils avaient fait des esclaves, qu'au jour où une ordonnance royale octroya à ces malheureux la liberté.

C'est à cette époque qu'éclate dans toute sa splendeur cruelle et chrétienne le régime des vice-rois, petits potentats d'autant plus terribles qu'ils étaient loin, heureux surtout de faire là-bas une fortune rapide autant que scandaleuse. On essaya bien de remédier à cet état de choses en réduisant la durée de leur vice-royauté à trois ans. Ils volèrent le double et le résultat fut le même pour la colonie.

En somme, le coup était manqué pour l'Espagne. Elle n'avait pas l'Inde. Elle essaya de s'en consoler.

Mais le pacte colonial, cette épouvantable protection à outrance, vint exciter les Indiens à la révolte.

Il interdisait à toute colonie de « *produire pour une autre puissance que la métropole, de faire concurrence à l'industrie manufacturière de la métropole. Défense de planter la vigne ou l'olivier. Défense d'acheter ailleurs qu'à la métropole.* »

Ajoutez à cela les exactions des vice-rois, des capitaines généraux, des audiencias, de tous ces petits despotes qui n'hésitaient pas à déclarer que « *les habitants paraissent, de leur nature, désignés pour travailler aux mines* » et vous ne vous étonnerez plus de la haine légendaire qui présida à l'émancipation des colonies espagnoles, séparation violente et maladroite qu'un orgueil moins cruel pouvait éviter.

On dégagerait aisément de tout ce qui précède que la colonisation ancienne fut frappée, et surtout la colonisation espagnole, d'un impédimentum économique grave.

Les premiers colonisateurs, meilleurs navigateurs qu'économistes, se figurèrent que la richesse d'une colonie résidait dans le produit dit précieux, l'or surtout.

Mais le produit précieux n'est pas répandu à l'infini.

Avec une pareille théorie on ne tarderait guère à exploiter un pays en très peu d'années, et à lui enlever tout ce qu'il possède; ce qui restreint singulièrement l'avenir d'une colonie.

Nous avons heureusement compris la pauvreté d'un pareil système, dont la base d'ailleurs ne peut guère être que la conquête brutale et démoralisatrice. L'avenir économique d'une colonie réside donc dans ce grand principe:

L'exploitation du produit durable et renouvelable.

Et c'est presque un axiome de conclure:

La richesse d'un pays réside dans l'abondance du produit pauvre.

** **

La Hollande, elle, privée des produits de l'Inde, n'avait pas hésité, après sa séparation de l'Espagne, à agir pour son compte.

Le hollandais Houtman, qui avait déjà mené les Portugais aux Indes, était en prison pour dettes. Les Hollandais l'en font sortir, et ce dernier les conduit où ils demandaient.

C'est alors que s'organise la *Société des pays lointains* qui frète huit navires.

En 1602, les États généraux fondent la *Compagnie des*

Indes, société commerciale à monopole et ayant reçu des délégations de pouvoirs suzerains.

Les monopoles étaient opposables à tout le monde. Elle nommait elle-même ses juges et levait les impôts.

Son capital était de 12 millions divisés en 2.000 parts de 6.000 fr. Tout Hollandais pouvait entrer comme actionnaire et sortir après chaque période de dix ans.

C'était un simple syndicat.

Il y avait là plusieurs groupes, libres d'opérer chacun pour son compte. Quant aux affaires d'intérêt commun, elles étaient réglées par la Compagnie entière, représentée par un comité de 17 membres dont 8 pour Amsterdam.

En cas de conflit, les États généraux pouvaient intervenir et prendre connaissance du budget.

La durée de la charte était de 21 ans.

Sans doute tout cela demanderait aujourd'hui quelques remaniements.

Il y avait là des abus qui attirèrent nécessairement des protestations.

D'abord, le prix élevé des produits, résultat d'un monopole mal compris.

Dans un autre ordre d'idées, abus de pouvoir chez les agents qui s'enrichirent vite aux dépens des actionnaires.

Ces agents, à qui on permettait la pacotille, finissaient par ne plus faire qu'à leur seul profit la navigation dite d'Inde en Inde.

Pourtant, malgré ces abus, les actionnaires touchaient de 12 à 60 p. 100.

En 180 ans, la Compagnie leur a rapporté 400 millions.

Les actions de 6.000 fr. montèrent à 72.000, mais la Compagnie commit une faute grave. Elle eut le grand tort de ne pas constituer de *fond de réserve*.

Et ce fut sa perte.

Survinrent, en effet, les guerres qui suspendirent le commerce.

En 1696 on fit un emprunt à 3 0/0.

En 1724 le passif égale l'actif.

L'Etat alors intervient et fournit une subvention de 140 millions. Cela n'arrête pas la débâcle, puisqu'en 1783 la Compagnie se voit forcée de suspendre les paiements qui sont effectués par l'Etat.

Enfin, en 1793 elle sombre totalement, et l'Etat reprend tout à son compte, après avoir encore payé une dette de 260 millions.

* *

Le résultat fut donc loin d'être brillant.

Mais si l'on observe à quelles graves erreurs cela a tenu, il est permis de se demander si cette colonisation par grandes Compagnies n'est pas une méthode excellente, digne d'être remaniée et appliquée de nos jours.

*

Ici, je devrai m'occuper d'une tentative spéciale actuelle de colonisation religieuse dont malheureusement le siège est à Rome, tentative qui me semble viciée dès l'origine parce qu'elle s'applique à faux, et parce que surtout elle a pour base ce vieux principe qui nous a amené tant de tueries : « Le baptême d'abord ».

Les Espagnols, ces catholiques à tous crins, demandèrent un jour au pape Alexandre VI qu'il partageat le monde entre eux et les Portugais.

Et sans rire — les papes ne rient jamais — ce dernier n'hésita pas à promulguer une bulle antihumanitaire, puisqu'elle ne tient aucun compte de l'indigène, antilégale puisqu'elle prend sans compenser, enfin splendidement cocasse puisque ce pape se contente de mener sur la carte une ligne fictive, qui donne l'Est aux Portugais et l'Ouest aux Espagnols.

Ferdinand le Catholique, lui, *permettait* à Colomb — le mot *permettait* est joli — de convertir les Indiens à la religion catholique. Et d'ailleurs la religion catholique consacrait de ses préceptes les atrocités des premiers colonisateurs espagnols.

Si au milieu de ces atrocités, commises au nom du Christ, s'élève un cri de religion, il est encore antihumanitaire. C'est ainsi que le moine Las Cazas ose le premier se révolter contre les assassinats de l'inquisition espagnole, mais n'hésite pas à suggérer cette autre idée méchante et ridicule de *substituer le nègre fort à l'Indien faible.*

Je sais bien que nos missionnaires actuels sont animés de tout autres sentiments, mais ce que j'attaque c'est la base de leur système.

Voyons d'abord l'organisation de la *Congrégation de la foi.*

Un archidiocèse à Carthage.

Des préfectures apostoliques à Tripoli et en Egypte.

Des vicariats à la Gambie, à Sierra-Leone, confiés aux missionnaires du Saint-Esprit et aux sœurs de Saint-Joseph de Cluny.

D'autres vicariats au Benin, au Niger et au Dahomey.

Des sœurs de l'Immaculée-Conception au Congo.

Des Jésuites au Zambèze et à Madagascar.

Des Pères-Blancs dans l'Afrique équatoriale.

Un peu de tout en Asie.

Un évêché à Hanoï.

Voilà, vous l'avouerez, une organisation en règle.

Malheureusement elle gagnerait à n'être qu'une entreprise française, et, comme je le disais tout à l'heure, le cardinal directeur n'est même pas Français et réside à Rome.

* * *

Sans doute, aux veilles de voter un budget, les adversaires des crédits coloniaux ne manquent pas d'exalter le rôle des missionnaires.

Ils coûtent si peu !

Sans doute, j'admets leur bravoure, leur désintéressement ; mais j'estime qu'ils perdent une grande partie de leurs forces à des utopies religieuses, et qu'ils ne seraient que d'une petite utilité, si sérieusement et résolûment la Chambre voulait s'occuper de politique coloniale.

Je dis que cette tentative de colonisation par la religion à une base fâcheuse, et je vais la prouver.

Voyons d'abord la race noire.

Peu civilisée, — à ce point que des voyageurs assurent avoir rencontré les tribus des *Jac-Jac* et des *Qua-Qua*, ainsi nommées parce que leurs indigènes n'ont que ces mots pour se faire comprendre, — la race nègre est à jamais musulmane.

On compte en effet 400 à 450 millions d'adeptes à cette religion qui progresse de jour en jour.

Le fatalisme les a conduit à l'apathie et à l'incurie, et de leur catéchisme, qui ressemble étrangement en grande partie à celui de la religion catholique, ils n'ont retenu que le cri de guerre à l'infidèle : mort au chrétien.

Je ne pense pas qu'il faille, pour s'attacher une telle race, commencer par s'en prendre à la seule institution qu'ils connaissent, et d'ailleurs, les missionnaires protestants, avec leur religion plus simple et plus commerciale, distanceraient vite les catholiques.

Quant au jaune, l'Annamite et le Chinois, par exemple, il y a une lourde maladresse à lui parler religion.

Je voudrais vous faire connaître cette race jaune intelligente, civilisée, et dont on a fait en France une peuplade sauvage.

Sa civilisation est tout aussi belle et tout aussi élevée que la nôtre, mais dans un genre différent, approprié au génie de la race.

On a dit que la Chine était le pays de l'immobilité.

Allons donc !

Leur caractère *ta hoa, civilisation* signifie littéralement la *grande révolution, la grande transformation.*

Et je vais vous faire connaître quelques-unes des jolies choses du *Livre des Trois Caractères* de *Confucius* ou *Khoung-Tseu,* le même qui disait si spirituellement dans son *Livre du devoir* qu'un bon ministre doit d'abord se faire *un visage honnête,* cinq siècles avant notre ère et vingt-trois siècles avant Panama.

Vous y verrez quel monument de civilisation constitue ce petit livre, et quelles doctrines bien supérieures à la plupart de celles des races dénommées civilisées il renferme.

Ce *Livre des Trois Caractères* est le résumé des doctrines de Confucius. Il est écrit en phrases de trois caractères, car vous saurez que chaque mot chinois à son caractère représentatif.

Ainsi simplifiées, les pensées et maximes qu'il renferme peuvent-être lues et retenues par les enfants, entre les mains desquels ce livre merveilleux constitue le plus simple des livres de morale comme aussi de philosophie dans son enfantine simplicité.

Et je me représente Confucius l'adorable, comme un Chinois très doux, très indolent, sculpteur de jolies choses sur un bâton d'ivoire.

De ses paroles bénies, jetées au vent de la mémoire cinq siècles avant le Christ qui en profita, Wang-Peh-Heou, le maître d'école, composa son *San-Tseu-King* ou *Livre des Trois Caractères* (960-11 22 de notre ère).

Wang-Tcin-Ching, plus tard, le commenta.

Le *Livre des Trois Caractères* débute par une étude de la nature de l'homme.

Pour lui, tous les hommes naissent avec une nature bonne et à peu près la même.

Il ne juge pas indispensable de faire assumer à l'individu la responsabilité d'une faute primordiale dont, à dire vrai, nous aurions mauvaise grâce à ne pas nous féliciter. D'ailleurs, la tolérance la plus large ne dictait-elle point ces lignes à l'empereur Khang-Hi :

« Je suis de l'opinion que toute vérité et tout bien procèdent originairement de la même source ; aussi devons-nous regarder avec certain degré de respect ces fragments de sentiments justes et de bons principes que nous rencontrons chez les païens. »

Et le *Livre des Trois Caractères* affirme :

Il y a trois grandes puissances de la nature : Le ciel, la terre et l'homme.

La doctrine de Khoung-Tseu n'est pas dominatrice. Elle ne vise pas à l'exploitation de la masse par l'annihilement de l'individu.

Une seule base, solide comme un roc : la piété filiale qui entretiendra chez l'homme, avec l'instruction, la nature d'origine.

Cette nature demande une éducation complète dès le début de la gestation.

Dans l'antiquité chinoise, les femmes enceintes ne se tenaient pas assises le corps penché, elles ne se couchaient pas sur le côté ; elles marchaient gravement, fermaient leurs yeux aux spectacles vils, leurs oreilles aux propos lascifs, leur bouche aux paroles désordonnées. Elles pratiquaient la fidélité, la piété filiale, l'amitié et l'affection.

Mais aussi :

« Constamment elles enfantaient des fils doués d'une grande intelligence, de talents éminents, prudents, sages, et qui devenaient des hommes supérieurs. C'était le résultat de l'éducation naturelle reçue dans le sein de leur mère. »

Quoi de plus ingénieusement sublime que cet enseignement !

Après les premières leçons de piété filiale, l'enfant reçoit les notions de l'étude de nombres qui *surgissent de l'unité.*

Le peu de goût de la race pour les sciences exactes a entraîné là le philosophe à une fâcheuse image.

Le nombre formé d'un assemblage d'unités ne *surgit* pas plus d'une de ces unités qu'un régiment ne surgit d'un de ses soldats.

Mais passons.

Le chiffre dix, représenté par une croix, est le symbole de la perfection.

Aussi a-t-il encore comme signification « un lettré ».

Des nombres, Wang-Peh-Heou passe aux cinq éléments : eau, bois, feu, métal et terre. Le secret de leur reproduction réside dans la lutte perpétuelle et mystérieuse des principes mâle et femelle, et dans les subtilités abstruses des nombres.

Wang-Tcin-Ching a soin d'ajouter qu'il n'est pas possible, d'ailleurs, d'expliquer à fond ce sujet.

Cependant, il ne s'en est pas tenu là. Il a voulu donner à chaque élément une couleur :

Le bois (vivant) est « vert », le feu « rouge », la terre « jaune », le métal « blanc », l'eau « noire ».

Wang-Peh-Heou compte encore cinq vertus cardinales, six espèces de grains, six espèces d'animaux domestiques, sept passions, huit sons musicaux. Ces huit sons musicaux sont produits au moyen des huit objets suivants : la calebasse, la terre, le cuir, le bois, la pierre, le métal, les fils de soie, le bambou. Et, commente sérieusement Wang-Tcin-Ching : « ces huit sons musicaux furent *inventés* par Ling-Lun, ministre de Hoang-Ti (2697 avant notre ère).

Nous passons ensuite à la filiation, avec le grand rôle du petit fils : « C'est le fil de soie que l'on tire du cocon et qui ne se rompt pas. »

Puis les livres classiques et canoniques.

Parmi les livres classiques : le *Tchun-Thsicou* de *Khoung-Tseu*.

Tchun-Thsicou peut se traduire fort exactement par notre mot : chronique. Cette « chronique », sorte de journal de la première heure, enregistrait sobrement les faits politiques de l'époque :

« Un seul mot suffisait à Khoung-Tseu pour blâmer ou louer les fonctionnaires, et lorsqu'il eut terminé son *Tchun-Thsicou* les ministres rebelles et les malfaiteurs tremblèrent. »

Le *Tcheou-Li*, un des livres canoniques, est particulièrement intéressant.

Il établit à la tête de l'empire six magistratures : Le ministère du ciel, le ministère de la terre, le ministère du printemps, le ministère de l'été, le ministère de l'automne et celui de l'hiver.

Les six ministres portaient les titres de premier ministre du cabinet, directeur général des populations, grand contrôleur, directeur des chevaux, grand juge criminel, directeur des travaux publics.

Je passe à dessein la partie la plus ardue du volume : l'étude des cinq philosophes, des historiens et des dynasties.

Wang-Peh-Heou résume enfin en ses courtes phrases quelques exemples d'assiduités tirés de l'histoire.

C'est tout le parfum d'une poésie quintessenciée par un millier de générations. C'est la fleur délicate éclose sous la soie rouge des robes à fleurs dans le cœur des mandarins patients :

« *Il y en a eu qui lisaient à la clarté des vers luisants enfermés dans des sachets, ou bien aux reflets brillants de la neige.* »

Voici ensuite un modèle de science : « *Pi, à l'âge de sept ans, pouvait déjà composer des vers sur le jeu d'échecs.* »

Dans sa tunique jaune, au milieu des mandarins empressés, l'empereur disait :

« Le carré est l'échiquier, les ronds sont les pions, le mouvement en avant l'image de la vie, le repos celle de la mort ».

Et le petit Pi respectueusement ripostait en vers :

« Le carré est l'échiquier, les ronds sont les pions, le mouvement en avant l'image de la vie, le repos celle de la mort ».

« Le carré c'est la pratique de la justice, le rond c'est l'union avec la sagesse, le mouvement en avant c'est le cheval au galop, *le repos c'est l'obtention de ses désirs* ».

Et l'empereur fut charmé de cette précocité et Pi fut vêtu comme un mandarin, de pourpre, en attendant (ce qui lui vint plus tard) *le ministère des divinités qui président aux fruits de la terre* ».

A cette époque le jeu des échecs était très vénéré en Chine.

Il diffère quelque peu du nôtre, en ce sens que les pions se nomment : artilleurs, roi, aides de camps, éléphants, cavaliers et conducteurs de chars.

Ces pions sont placés à l'intersection des lignes, et le jeu est coupé par une rivière que le roi et les aides de camp ne peuvent franchir.

On attribue l'invention du jeu d'échecs à l'empereur Yao, bien qu'un auteur chinois ait écrit :

« L'art de la guerre, dont le jeu des échecs est comme une image, est l'art de se nuire les uns aux autres. Yao était bien éloigné de donner à son fils de pareilles leçons. *Le jeu des échecs n'a sans doute commencé que depuis ces temps malheureux où tout l'empire fut désolé par les guerres. C'est une invention très peu digne du grand Yao.* »

Wang-Peh-Heou donne aussi quelques exemples

choisis parmi les Chinoises célèbres : « *Quoique ce fussent des femmes,* » ajoute-t-il avec une pointe de dédain.

Wen-Ki, la musicienne qui sauvait les souris d'entre les griffes des chats grâce aux seuls sons qu'elle tirait de son Khin.

Elle épousa d'ailleurs un lettré, qui fut « *comme une pierre précieuse attachée à sa ceinture.* »

Sie-Tao-Yun qui disait de la neige : « *Ce n'est pas encore comparable aux flocons de fleurs de saule qui se dispersent quand le vent les agite.* »

Elle épousa un général, et le général la fit « geler. »

Wang-Peh-Heou a multiplié ces gracieux exemples. Il a nimbé de charme un enseignement par lui-même sec et pénible.

Et il conclut humblement : « *Des hommes laissent à leurs enfants des coffres pleins d'or. Moi, qui cherche à les instruire, je ne leur laisse qu'un petit livre.* »

Et maintenant, dites-moi, cette civilisation chinoise n'est-elle pas la seule qui résume en la joliesse raffinée d'une formule l'aridité d'un principe sévère?

N'est-elle pas le lotus de grâce et de science éclos au soleil jaune des siècles?

* * *

Sans doute on m'accusera, dans le cadre restreint de cet opuscule d'avoir exagérément développé cette partie relative à la race jaune, et particulièrement au *Livre des Trois Caractères.*

A cela je répondrai que je tenais trop à faire connaître cette civilisation exotique, pour ne point donner une étude succinte de ce *Livre des Trois Caractères,* ce catéchisme de la race, base immuable de la plus antique des civilisations.

Les Jésuites avaient bien compris, eux, cette race.

Très tolérants, ils accommodaient fort bien leur religion avec le *culte des ancêtres* qui est la religion de l'Annamite.

Il faut dire en passant que le bouddhisme n'est guère qu'une religion secondaire, suivie seulement par une assez faible partie de la population et passant bien après le culte des ancêtres.

Voici, à ce sujet, l'opinion du savant philosophe et sinologue Léon de Rosny :

« Ce n'est que par la pratique du culte des ancêtres que l'idée d'immortalité n'est pas complètement étrangère aux Chinois. L'immortalité s'y réduit à la perpétuité du souvenir. A cet égard comme à bien d'autres, les Chinois sont positifs, et c'est peut-être le seul peuple au monde chez lequel une doctrine a pu s'établir et se perpétuer indéfiniment sans se fonder sur aucun mystère, sur aucune déclaration relative à la condition d'outre-tombe. »

Donc, les Jésuites avaient fort bien compris cette religion dont ils tiraient intelligemment parti.

En 1774, un pape encore, Benoit XIV, condamne le culte des ancêtres et les hommages rendus à Confucius, entravant d'un seul coup, et pour longtemps, les bonnes relations entre Européens et Asiatiques.

Et Luro disait bien à Saïgon dans son cours au collège des administrateurs stagiaires :

« Vous vous garderez donc de porter une main témé-raire à tout ce qui a trait au culte des ancêtres, sous peine de froisser profondément les familles et d'éloigner le peuple de notre domination. »

Des âmes pieuses m'objecteront que le nombre des conversions inscrites au bulletin de l'œuvre est cependant fort respectable.

A ces âmes pieuses, je raconterai une petite histoire.

Un de mes amis se trouvait il y a quelques années à une exécution de pirates.

Chacun sait que l'Annamite enterré sans natte se croit tout au moins indigne du respect de ses descendants, Or, une coutume impitoyable refuse la natte aux voleurs et aux condamnés.

En conséquence, on vit arriver avant l'exécution un missionnaire qui promit une natte à chaque pirate moyennant sa conversion à la religion catholique.

Ces pauvres bougres, qui tenaient surtout à la natte, n'hésitèrent pas un instant. Le missionnaire les baptisa, regarda ensuite l'exécution, leur donna sans doute la natte promise, mais consigna scrupuleusement sur ses tablettes :

« Tel jour, à telle heure, dans telle province, nous avons obtenu tant de conversions. »

*   *
*

Quant à la colonisation militaire, tout en rendant hommage au courage et à la bravoure de nos soldats, tout en reconnaissant quel grand orgueil et quelle grande fierté ils nous ont donné dans le monde, j'estime que le soldat n'est pas un bon instrument de colonisation. Car je ne fais pas, moi, cette étrange distinction entre les colonies commerciales et les colonies stratégiques.

Il n'y a que des colonies commerciales. Colonie stratégique est un déplorable euphémisme. C'est comme si vous disiez du Mont-Valérien qu'il est une ville.

Certes, il nous faut des *points* stratégiques un peu à tous les endroits du globe.

Nous ne faillirons point à nous en procurer, et notre belle armée est là qui les achètera au prix de son courage, et d'autant plus cher qu'elle n'aura pas à lutter là simplement contre des indigènes, mais surtout contre ces ennemis redoutables que sont nos bons voisins d'Europe.

Quant aux seules colonies, celles de commerce, il faut y éviter autant que possible l'intervention du militaire, guerre ou marine, et surtout guerre et marine, ces deux rivales dont la mésintelligence inexplicable a failli nous attirer déjà tant de désagréments.

Et d'ailleurs, vous ai-je pas montré tout à l'heure l'Angleterre battue partout ou presque, en Egypte comme aux Indes et comme ailleurs, et cependant réussissant à passer, de par ses résultats, comme une des grandes nations civilisatrices.

Il est vrai qu'elle a le talent de se rejeter sur les conférences.

* *

Jadis, l'individu se faisait *colonial* pour sa nation. Nous sommes loin de là.

Les progrès des races anglo-saxonnes, sur le monde entier, ont forcé la nation à entrer dans le mouvement et à coloniser pour l'individu, avec une rapidité regrettable de cela même qu'elle fut trop soudaine.

A ce compte là, je pense qu'on serait mal venu à prétendre qu'une politique coloniale sérieuse ne s'impose pas.

Par malheur, en résultat même de ce principe, le soldat a détrôné le marchand.

Malheureusement aussi, toute chose conquise par la force exige la force pour être conservée, et le soldat n'ayant aucun intérêt de négoce à conserver ne se préoccupe pas assez du contre-coup des luttes sur le commerce.

Et la preuve, c'est que lorsque le soldat part seul en simple explorateur, en civil, il obtient souvent de magnifiques résultats. Je ne veux pour preuve de cette colonisation supérieure par le civil, que les résultats obtenus par le capitaine Binger à la côte d'Ivoire dont il vient d'être nommé gouverneur. Voici ce qu'en disait Emile Berr au départ du capitaine :

La nouvelle colonie où va s'installer le capitaine Binger est une colonie à nous, et dont les Anglais, par on ne sait quel inquiétant miracle de désintéressement, n'ont pas encore songé à nous contester la possession, bien qu'ils y soient nos voisins. . . . .

Notre possession a un développement de côtes considédérable : six cents kilomètres.

Nous allons voir ce qu'y a fait Binger. Vous conviendrez tout à l'heure que le choix de cet homme s'imposait :

Après trois voyages au Sénégal et au Soudan français, le lieutenant Binger, alors officier d'ordonnance de Faidherbe, avait obtenu, en 1887, du gouvernement, une mission dont l'objet était d'explorer, entre les branches ascendante et descendante du Niger, l'immense territoire circonscrit par les itinéraires de Caillé et de Barth.

Binger avait alors trente-et-un an. Il fit à pied quatre mille kilomètres, entra en relation avec soixante peuples, conclut des traités, découvrit une demi-douzaine de dialectes, fixa la topographie de régions où pas un « blanc » n'avait mis le pied avant lui.

. . . .

Il paraît qu'il a sujet d'être fier et d'avoir confiance. Sa colonie a déjà un budget de recettes très honorable (650,000 francs, disent les gens bien informés) qui la dispense des secours de la métropole.

Une colonie qui, n'ayant pas coûté un coup de fusil *avant*, ne coûterait pas un sou *après*! Voilà qui est à peine croyable.

Malheureusement, le mobile principal de l'heure présente est surtout la nécessité d'occuper un pays avant nos concurrents. D'où l'intervention fatale du soldat, *puisque nous n'avons pas de Compagnies assez puissantes pour se défendre elles-mêmes dans les pays où elles s'établiront, et où probablement d. par leur puissance respectée et crainte, elles n'auraient même pas à songer à cette défense, assurées qu'elles seraient du concours des indigènes à qui elles ne rendraient que des services en lieu et place des coups de fusil réglementaires du soldat.*

Mais j'ai dit l'*heure présente.*

Il est de toute évidence, en effet, que cette crue, cette expansion des races européennes vers le continent noir ou jaune, fatalement s'arrêtera de par des accords pacifiques à longue échéance, et cela à très bref délai.

Nous avons déjà une zone d'influence bien délimitée en Afrique de concert avec l'Angleterre.

Le reste suivra sous peu.

La colonisation par le militaire n'est donc, à mon sens, qu'une nécessité tendant à disparaître de plus en plus, mais dont il faudrait cependant tirer le meilleur parti possible sans y avoir recours à l'avenir.

Il ne faut pas qu'après l'envoi de soldats qui se seront fait trouer la peau pour la plus grande gloire de leur pays, l'élément civil, en se dérobant, laisse là le soldat conquérant, car ce n'est pas avec le fusil — si perfectionné soit-il — que l'on parvient à obtenir un résultat économique quelconque.

Voyez notre colonie du Soudan, où là, cependant, bien que j'ai dit que la colonisation militaire soit une nécessité, on pourrait, on devrait mettre ordre à ses exagérations.

Je vais faire de larges emprunts à une récente interview de Paul Bonnetain, où, malgré une tendance d'ancien marsouin à combattre l'arme rivale, je trouve le récit d'un état de choses regrettables :

Le Soudan est un pays à la fois affreux et admirable qui, aux mains d'Anglo-Saxons, rapporterait énormément, et qui nous ruine, nous!... Or, caoutchouc, gutta-percha, coton, kola, beurre de karité, maïs, mil, soie végétale, etc., etc., cent richesses que nous n'exploitons pas. Pourquoi? Parce que le Soudan appartient uniquement à l'artillerie de marine, et n'est pour elle qu'un champ où poussent les galons... qu'une école à feu : — rien de plus!...

. . . .

Au Soudan, les fautes journellement commises n'ont pas la traditionnelle banalité de nos erreurs coloniales. Elles sont savantes. Vous m'entendez : savantes! On y « gaffe », mais avec des x à la clé, les fontes recélant des tables de logarithmes!...

. . . .

Après avoir affirmé qu'il est fermement partisan de notre extension là-bas, Paul Bonnetain ajoute :

Toutefois, j'estime, avec tous les gens compétents, avec nos commerçants et industriels, avec aussi de nombreux officiers (non artilleurs), que cette extension pouvait et peut s'opérer sans colonnes, sans canons, *sans dépenses*, PACIFIQUEMENT.

Un Monteil, un Maistre, un Binger, un Quiquandon (on avait celui-ci sous la main, et disponible!) nous auraient, pour citer un seul exemple, donné le Macina sans tirer un coup de fusil. Donné sur le papier?... Et que voulez-vous de plus jusqu'au jour où nos capitalistes se décideront à utiliser nos conquêtes?... Arrêter Anglais ou Allemands, cela suffit pour l'instant. Avez-vous d'ailleurs assez d'argent, assez d'hommes pour occuper de nouveaux territoires autrement que « sur le papier? »...

De même pour les Samory, les Ahmadou, aux trousses de qui nos soldats jouent, mais glorieusement, les carabiniers d'Offenbach ; vous imaginez-vous qu'à notre place les Anglais les poursuivraient?... Ah! que non! Lisez leur histoire coloniale, l'ancienne et la plus récente. Avec le quart de ce que coûte la plus petite colonne, ils achèteraient la tête des fuyards, la feraient promener de village en village, pour rassurer et rallier les populations, et emploieraient le budget local, comme la subvention métropolitaine, à créer des routes, — à achever le chemin de fer jusqu'au Niger.

Mais voilà : ils colonisent, eux, pour le commerce, non pour... le tableau d'avancement; et leurs Wolseley ne traitent point de « canaillards » (*sic*), n'appellent pas dédaigneusement « traitants » les commerçants qui vont risquer leur vie et leurs capitaux en Afrique!

L'interviewé montre ensuite la nécessité, non pas de supprimer immédiatement le militaire, mais de lui adjoindre des gouverneurs civils en sous-ordre, système, je me hâte de le dire, qui me semble encore gros de rivalités et d'ambitions à craindre.

Après quelques pleurs sur l'effacement injuste de l'infanterie de marine, Bonnetain s'occupe des travaux en souffrance :

..... Des routes, allons donc !... De Kayes à Médine, la métropole nègre, il y a onze kilomètres, et, faute de 1.500 francs de travaux, la route (?) reste encore inabordable à un cavalier !... On n'a rien tenté pour draguer un chenal dans les seuils sablonneux barrant le Sénégal entre Podor et Kayes, ni pour trouer à la dynamite (sur la largeur nécessaire à un petit bateau), quatre autres seuils qui sont rocheux. Si bien que, huit mois par an, le Sénégal et le Soudan ne communiquent que par... chalands naviguant à la perche !!! 890 kilomètres : un mois et plus !!! Par contre, les deux colonies sont en guerre. Saint-Louis met en quarantaine les provenances de Kayes, qui, cette année, lui rend la pareille : 25 jours de quarantaine ! Pourquoi 25, étant donnée la durée d'incubation du choléra? Mais demandez donc des connaissances aussi spéciales à d'aimables artilleurs, très ferrés en æ, qui étant (comme commandants de cercle), notaires, juges, etc... rendent des jugements commerciaux dont les considérants invoquent la coutume de... Paris et non celle de la colonie limitrophe, celle de Saint-Louis !!!

Et voilà un abus de la colonisation par le militaire, il est grave et vaut qu'on s'y arrête et qu'on le médite. Il en est d'autres, moins criants sans doute. Bonnetain a parfaitement indiqué le remède et je pense pour ma part que nous arriverons plus tôt qu'il ne le croit avec des représentants énergiques et audacieux.

J'invoquerai encore, à l'appui de ma thèse, l'opinion d'un homme à qui nous devons reconnaître, de cela même qu'il fut un ennemi acharné et redouté, une compétence indiscutable.

M. de Bismarck disait au Reischtag, le 26 juin 1884 :

Je suis l'adversaire des colonies, du moins du système colonial tel qu'il a été pratiqué au siècle dernier et qui, maintenat encore, peut s'appeler le système colonial français, du système qui a pour base l'acquisition d'une portion de territoire pour y provoquer l'émigration et pour y établir des fonctionnaires et une garnison. Je suis l'adversaire aujourd'hui comme autrefois de ce système de colonisation qui peut être bon pour d'autres pays, mais qui pour nous est impraticable. Je crois que les projets de colonisation ne peuvent pas être créés d'une façon artificielle, et que c'est une fausse voie que de créer un port là où il n'y a pas d'habitants et où ceux-ci doivent être attirés artificiellement. Mais c'est une autre question que celle de savoir s'il est utile et si l'État a l'obligation d'aider ceux de ses sujets qui ont fondé de telles entreprises, espérant la protection de l'État. A cette question je réponds affirmativement, tout en doutant de l'utilité de cette protection. Je ne peux pas prévoir ce qui en adviendra, mais j'affirme qu'il y a là une obligation pour l'État. Je ne peux pas m'y soustraire.

Nous verrons tout à l'heure le système préconisé par M. de Bismarck, après avoir étudié rapidement les autres systèmes et les différentes sortes de colonisation.

Je voudrais, auparavant, vous mettre en garde contre les mauvais augures qui doutent toujours et font douter les autres.

Nous sommes peut-être, de tous les peuples, le plus enclin au découragement comme à l'enthousiasme !

Ces gens, et je ne parle que des intelligents, navrés de sentir, de pressentir une question nouvelle qui ne sera plus leur spécialité, essaieront par tous les moyens de décourager nos tentatives d'expansion.

Sans doute, *ils* estiment qu'*ils* ont assez à s'occuper des questions actuelles et qu'il ne faut pas qu'une révolution, semblable à celle-là, que nous souhaitons, vienne modifier et bousculer les petits calculs sur lesquels ils se sont grattés le crâne pendant des années.

Ils vous diront, ceux-là, que nous ne sommes pas coloniaux. Les vieux, les gâteux soupireront : la France est si belle !

Si les nouvelles générations leur rient au nez, ils sortiront des petits calculs divers et tourmentés, des chiffres à deux têtes. Nous ne les craignons pas.

Nous avons vu en Algérie le résultat d'une politique patiente. Nous commençons à le voir en Asie.

D'ailleurs, nous n'avons pas à nous plaindre outre mesure du commerce de nos colonies. Elles forment le quatrième de nos acheteurs, et voici un tableau à peu près exact, en chiffres ronds, de leur commerce (v. p. 33,.

Ce qui se dégage de ce tableau, c'est que nos colonies les plus florissantes seraient sans conteste l'Indo-Chine, la Tunisie, la Guyane, la Nouvelle-Calédonie, puisque dans ces seules colonies le chiffre d'importation est de beaucoup supérieur à celui d'exportation.

Au surplus, ce serait là matière à une étude détaillée du régime douanier qui nous donnerait certes le pourquoi de ces choses, mais que je n'ai ni le temps ni la prétention de développer ici.

Enfin, pour les autres colonies et même pour celles dont je viens de parler, je me hâte de dire qu'il faut ajouter peu de créance à la *balance du commerce*, et que malgré ses 202 millions d'exportation contre 180 d'importation, l'Algérie est certainement pour nous une excellente colonie et peut-être la meilleure.

Je ne pousserai pas, certes, l'optimisme jusqu'à dire que ce tableau de commerce est excellent. Mais vous voudrez bien considérer que nous n'avons guère tenté la colonisation que sur des colonies viciées à l'origine par l'abus du soldat. Nous verrons tout à l'heure les progrès à réaliser et les véritables bases de la colonisation française.

Tout d'abord la colonisation doit être essentiellement humanitaire. Elle ne devrait jamais être une domination.

L'intérêt ou les intérêts doivent être communs et l'action civilisatrice, doit porter autant sur le peuple que sur le sol.

COLONIES	EXPORTATION			IMPORTATION			TOTAUX
	FRANCE	COLONIES	ÉTRANGER	FRANCE	COLONIES	ÉTRANGER	
Algérie	202	»	39	180	»	69	490
Tunisie	4	6 Alg.	8	17	1	14	50
Sénégal	12	»	3	12	(0.3)	13	40
Gabon	(0.3)	»	2.5	1.5	»	2.5	6.5
Rivières du Sud	»	»	»	»	»	»	5.5
Grand-Bassam et Assinie	»	»	»	»	»	»	2
Porto-Novo, Kotonou, Grand-Popo, Agwey	»	»	»	»	»	»	9
Madagascar	»	»	»	»	»	»	22
Indo-Chine	2	»	70	17	»	51	140
Inde	15	(0.5)	11	1	»	6	33
Martinique	23	(0.1)	1	8	(0.6)	14	46
Guadeloupe	25	(0.4)	1	11	1	12	50
Réunion	12	(0.4)	1	10	1	11	35
Mayotte	1	»	(0.1)	(0.1)	»	(0.2)	1
Nossi-Bé	1	»	1.5	(0.1)	»	1.5	4
Guyane	4	»	(0.1)	6	»	3	13
Saint-Pierre et Miquelon	10	2	6	4	»	10	32
Nouvelle-Calédonie	2.5	»	4	4.5	»	5	16
Tahiti	»	»	3	1	»	3	7
Totaux	313.5*	8*	151*	273*	3*	215*	1.002
				313.5*	8*	151*	
Chiffres d'affaires	....	....	....	586.5*	11*	366*	

(*) Tous ces chiffres devraient être majorés d'une partie du chiffre d'affaires totales des Rivières du Sud, Grand-Bassam, Porto-Novo, Madagascar, etc., dont nous ne donnons pas le détail.

Et s'il m'était permis de définir la colonisation comme je l'entends, je dirais simplement qu'elle est : L'ÉTABLISSEMENT DE RELATIONS COMMERCIALES DURABLES SUR TOUTES LES BASES POSSIBLES ET HONNÊTES.

Il n'est point besoin, pour gagner le Yunnam, d'écraser d'impôt le Tonkin.

L'incident de Siam a plus fait pour nous que toutes les expéditions militaires, puisqu'il nous donne comme frontières une partie des rives du Mekong, lequel, chacun le sait, va au Yunnam.

Étonnez-vous après cela de l'attitude haineuse de l'Angleterre en cette occasion, l'Angleterre qui cherche vainement par les Indes et la partie neutre du Mekong une route pour ce Yunnam tant convoité.

Vous verrez plus loin que là un simple commerçant qu'on ne saurait trop louer, M. Tharel, avait acquis des droits à cette cession d'une partie du fleuve, que nous réclamons pour la France.

En colonisation, et dans les pays que nous possédons en vrais possesseurs, il faut, de par ma définition, prévoir et accepter la séparation à plus ou moins longue échéance, et là la colonisation ne serait peut-être pas autre chose que L'ART D'ABOUTIR AVEC PROFIT A UNE SÉPARATION A L'AMIABLE.

Si exagérée que paraisse cette définition, il ne faut pas oublier la révolte des colonies espagnoles, leur émancipation et celle des États-Unis d'Amérique, où l'orgueil britannique a tout perdu en voulant trop gagner.

Il convient de dire que la leçon a profité à nos rivaux, puisqu'ils admettent parfaitement aujourd'hui cette doctrine de l'impérialisme, c'est à dire la fondation d'un empire universel anglais, où l'Angleterre et toutes ses colonies seraient sur le pied de la plus rigoureuse égalité.

L'Angleterre va même plus loin.

Elle tente actuellement au Paraguay un système de colonisation curieux et absolument autonome.

Les nouveaux colons sont des Australiens.

Deux cents d'entre eux viennent de partir de Sydney ; un millier environ ne vont pas tarder à les suivre.

Tous les membres de la colonie, sans distinction de sexe, auront une part égale de la propriété acquise par la communauté.

Tous jouiront des mêmes droits politiques.

Le gouvernement sera ainsi composé :

Un directeur, élu par la majorité des deux tiers, sera aidé par un conseil nommé dans les mêmes conditions.

Les pouvoirs seront à peu près absolus, aussi long-temps qu'il sera soutenu par la majorité.

Pour ma part, je ne crois pas le moins du monde à l'avenir d'une pareille idée. C'est une réédition en mieux de l'histoire de la Plata.

La colonisation en Amérique du Sud nous a suffi-samment prouvé qu'arrivant là, dans un pays parfaite-ment connu et habité, en butte à l'exploitation éhontée des courtiers et des concessionnaires, le colon ne tardait pas à regretter son ancien pays.

Maintenant il se peut qu'avec cette organisation spéciale et homogène, l'élément arrivant puisse résister avec avantage à l'élément établi, mais cela me parait tout au moins improbable.

Vous voyez que la colonisation, comme l'entend l'An-gleterre et comme je l'entends, englobe dans sa défini-tion bien des tentatives différentes.

Je ne vous cache pas que je considère Suez comme une œuvre magnifique de colonisation, dont malheureu-sement nous n'avons pas tiré tout le parti que nous en pouvions espérer.

Dites-moi, vraiment, si, dans ces entreprises, le but n'était pas commun aussi bien à l'Egypte et à la France qu'à toutes les nations navigatrices.

C'était la foi qui menait jadis Colomb vers l'Inde ; c'est la science qui nous en a donné hier la vraie et seule route.

Je n'insisterai pas sur Panama.

A ce propos et comme curiosité, ce n'est pas un paradoxe de penser que si cette entreprise nous a coûté une partie de nos capitaux, elle faillit bien nous éviter l'Empire et ses conséquences.

On oublie généralement qu'en 1844, M. Castellon, ministre plénipotentiaire des états de Guatemala, San-Salvador et Honduras, demanda à Louis-Philippe la protection du gouvernement français en retour de grands avantages commerciaux concédés à la France. Louis Philippe refusa.

Il avait pourtant envoyé auparavant un ingénieur français, M. Garella, préparer le devis d'une coupure projetée à travers l'isthme de Panama.

M. Castellon s'en fut alors à Ham visiter Louis-Napoléon Bonaparte, et le pressa de venir diriger la gigantesque entreprise qui consistait à relier les deux Océans par les lacs Nicaragua et de Léon.

Louis-Napoléon n'accepta pas de suite, mais quelques mois après il écrivit à M. Castellon « *que s'il était rendu à la liberté, son intention bien arrêtée était de passer en Amérique et de se mettre à la tête de cette entreprise.*

Au premier refus de Louis-Napoléon, il convient de dire que l'on s'était adressé à la Compagnie belge de colonisation et qu'il fallait annuler le traité.

Ce fut bientôt chose faite.

Dans le même temps, le prisonnier de Ham recevait une lettre de M. de Montenegro, ministre des affaires étrangères, qui lui conférait officiellement les pouvoirs d'organiser une compagnie en Europe, et l'informant que, par décision du 8 janvier 1846, le gouvernement de Nicaragua avait résolu d'appeler le canal : *Canale Napoleone de Nicaragua.*

On négocia alors la mise en liberté du perceur d'isthme, mais en vain.

Vous savez l'évasion qui s'ensuivit quelques mois après, les élections et le reste.

L'anecdote méritait d'être contée.

***

Mais revenons à notre sujet.

Je vous ai dit ce que je pensais de la colonisation militaire, ou plutôt par le militaire.

L'armée coloniale sera un acheminement vers le mieux.

De la colonisation pénale je ne dirai rien, parce que je la considère comme trop spéciale pour former un *système*, bien que les Anglais l'aient partiquée avec bonheur en Australie.

Donc j'envisage la seule colonisation économique au point de vue purement commercial.

Nous en avons trois sortes :

a. La *colonie de commerce*, où vient l'Européen aux bonnes saisons diriger ses maisons ou ses comptoirs.

b. La *colonie de plantation*, au climat malsain, où nous exportons surtout des capitaux. On y cherche le produit riche.

c. La *colonie de peuplement*, où peut vivre l'Européen. L'Algérie, par exemple, — C'est de la colonisation en latitude.

Nous allons examiner les différentes façons de les coloniser.

Sera-ce par l'Etat ?

Par l'individu ?

Par les grandes Compagnies ?

***

Par l'État, oui, dans certains cas. En Cochinchine, par exemple, et dans les colonies de peuplement.

Mais l'État alors devra favoriser l'individu plus qu'il

ne le fait pour le jeter par masses sur les possessions où il est bien établi.

Vous voyez que je fais en somme rentrer la colonisation par l'individu dans la colonisation par l'État.

Il y a bien une colonisation *individuelle* dans le sens propre du mot, mais celle-là favorise l'Amérique.

Le gogo, alléché par le salaire élevé de la main-d'œuvre ou par l'espoir de riches concessions, s'en va dans les colonies libres, contribuer aux faillites scandaleuses de quelque la *Plata*.

Celui-là est perdu pour la Métropole.

*
* *

J'ai dit qu'il nous fallait subir la colonisation militaire de par cet empressement de nos voisins d'Europe à coloniser. Nous allons voir comment cependant l'État peut en tirer parti et réduire à néant cette calomnie d'Herber Spencer : « *L'État, c'est une machine lente, coûteuse, corrompue et bête.* »

J'aurai démontré en même temps que l'on peut facilement supprimer le militaire, en tant que colonisateur.

Supposez de forts syndicats de colonisation prêts à suivre immédiatement le soldat et à mettre en valeur le sol conquis. Et supposez des syndicats formés comme le fut la Compagnie des Indes — moins les grosses fautes — ou composés comme la Compagnie anglaise *Royale du Niger*, qui est assez soutenue par son gouvernement pour attirer depuis quelque temps une foule d'incidents diplomatiques dont le but serait, à n'en pas douter, le rappel de notre courageux explorateur Mizon.

Ces syndicats n'iraient pas, bien entendu, dans les colonies où nous sommes déjà bien installés. Là ils seraient nuisibles à l'initiative privée.

Mais nous ne manquons pas d'autres colonies où nous n'avons voulu rien faire encore.

Je citerai :

Le Tonkin,

Les Rivières du Sud,

Le Benin,

Le Congo,

Obock,

et tant d'autres qu'il serait facile de découvrir si les Compagnies avaient des chartes leur concédant de sérieux avantages.

Et je ne parle que des Compagnies fortes, puissantes, capables de se défendre elles-mêmes sans nécessiter l'intervention de notre armée.

Et tenez, jugez-en vous-même, par les résultats acquis par un seul homme hardi, M. Léon Tharel.

Je citerai les lignes que lui consacrait récemment M. Martin Laya :

Il y a quelques années, sous l'instigation de Jules Ferry, M. Léon Tharel, l'un de nos manufacturiers les plus actifs, a créé, avec l'aide de plusieurs industriels, ses collègues, une Société à laquelle l'avenir réserve sans aucun doute un très grand rôle : c'est la *Société d'Economie industrielle et commerciale*.

Son but consiste dans l'étude des questions commerciales, étude devant nécessairement conduire aux questions coloniales, qui représentent, pour le commerce, les premiers de ses débouchés : Organiser ces débouchés, en faire profiter notre pays, c'est ce qui a été fait par M. Tharel qui s'est appliqué à substituer à la conquête militaire l'occupation commerciale, et cela par la création et l'exploitation de comptoirs de vente, disséminés le long des frontières et remplaçant les postes.

Son procédé est des plus simples :

La *Société d'économie* a créé des syndicats ayant pour but d'occuper nos colonies, de les faire habiter et d'ouvrir des marchés le long de leurs frontières.

Quatre syndicats ont été ainsi organisés, qui fonctionnent régulièrement et qui ont ouvert des comptoirs où se vendent des marchandises exclusivement françaises.

Ce sont :

Le *Syndicat français du Laos*, ayant quatre comptoirs le long du Mékong : à Bassac, à Houten, à Luang Prabang et à Xien Hong ;

Le *Syndicat du Soudan Français*, ayant cinq comptoirs le long du Sénégal et du Niger : à Kita, à Bafoulabé, à Bammako, à Siguiri, à Kankan ;

La *Compagnie Française de l'Afrique Centrale* : qui crée en ce moment même des comptoirs dans la région du Tchad ;

Et la *Société de Biskra-Ouargla* : ayant deux comptoirs à Ouargla et à Touggourt, et qui a pour objet d'exécuter le premier rayon du chemin de fer rêvé par M. Georges Rolland.

Ces syndicats envoient dans les régions désignées des agents, qui sont, en général, d'anciens sous-officiers coloniaux, revenus en France, entrés dans le commerce, parlant plusieurs langues, vigoureux et dans la pleine force de l'âge, de vingt-cinq à trente-cinq ans. Ces agents partent, emportant des ballots de marchandises, presque uniformément les mêmes : des cotonnades de 20 à 35 centimètres, des articles de Paris, de la coutellerie, des pipes, des lanternes, des glaces, de la papeterie, des souliers, des écharpes, de la parfumerie, du galon, des couvertures, des outils, des articles de cuivre, des musiques et aussi des moulins à farine, des alambics, des machines à fabriquer la glace, à décortiquer, etc.

Arrivés dans le pays, ils ouvrent une boutique, convoquent les autorités et vendent, très rapidement, avec un bénéfice variant de 50 à 200 0/0.

Ils voyagent aussi, distribuant aux enfants, aux femmes, aux hommes, des médailles et des petits drapeaux tricolores.

En trois ans, le trafic du Syndicat a quadruplé. Il ne se passe d'ailleurs pas de jour que M. Tharel ne reçoive des commandes, des communications ou des demandes d'emploi.

Et c'est tout simplement ainsi que s'organise notre Empire, peut-être avec le plus de sécurité, sans bruit, dans un magasin de la rue Notre-Dame-des-Victoires, où se peuvent voir, écrits sur quatre casiers, ces quatre mots suggestifs :

Laos. — Soudan. — Afrique centrale. — Biskra-Ouargla.

J'invoquais tout à l'heure l'opinion de M. de Bismarck. Je citais un extrait de son discours du 26 juin 1884 au Reischtag.

Dans ce passage, M. de Bismarck concluait à l'intervention fatale de l'État dans la colonisation. Et voici comment il l'entendait :

Je propose de laisser la responsabilité du développement matériel des Colonies, ainsi que leur fondation, à l'activité et à l'esprit individuel d'entreprise de nos citoyens, marins et commerçants, de ne pas entrer dans la voie des annexions des provinces d'outre-mer à l'empire allemand, mais plutôt de délivrer des lettres-patentes dans la forme de *royal-charters* anglais, ayant en cela, comme exemple, le beau succès des commerçants anglais de la Compagnie des Indes-Orientales; de laisser enfin les colons se gouverner eux-mêmes, de leur assurer seulement une juridiction européenne par les Européens ; en un mot, de leur donner une protection qu'on pourra exercer sans y tenir de garnison.

Voilà bien, n'est-ce pas, en même temps que le désaveu de la colonisation par le militaire, un éloge de la colonisation par grandes Compagnies.

J'ai pu lire, je ne sais plus où, que ce qui se fait en Angleterre n'était guère possible en France, où l'éducation politique fait complètement défaut.

En Angleterre, c'est l'aristocratie (le prince de Galles, le duc de Fife) qui ont créé les Compagnies africaines.

Mais si les nobles anglais ont donné leurs capitaux, il ne manque au bourgeois français qu'un peu d'instruction coloniale pour accomplir des œuvres semblables.

Par malheur, la presse, malgré son récent revirement a laissé une triste réputation à toutes ces colonies qu'elle ignorait d'ailleurs profondément.

Elle a pour longtemps peut-être paralysé l'essor des Compagnies coloniales dans le sens large du mot, souveraine des territoires, avec délégation de pouvoirs suzerains.

Cela ne sera pas un grand mal à mon avis si, résolument nous nous décidons à encourager les Compagnies coloniales simplement commerciales.

Et ces dernières ont à faire.

Pour ne citer que le Tonkin, cette colonie magnifique est remplie de mines de charbons inexploitées avant notre arrivée là-bas.

A ce propos, M. W. Warren, ingénieur anglais, retour du Tonkin, écrit dans le *Pall Mall Gazette* du 15 janvier 1891 :

Le charbon du Tonkin est un demi-anthracite de qualité tout à fait supérieure, puisqu'on y trouve environ 87 °/₀ de carbone fin et seulement de 7 1/2 à 12 1/2 °/₀ de matières volatiles, avec de 2 à 3 °/₀ de cendre. Pour autant que de nombreuses analyses l'ont montré, ce charbon est libre de soufre et de pyrite et par conséquent tout à fait sans fumée.

Un des filons que j'ai examinés au cours de mes récentes visites, mesurait 152 pieds d'épaisseur de charbon presque solide, se distinguant à peine du Cardiff par l'apparence et sous les autres rapports. *Notre couche la plus épaisse en Angleterre n'est que de 43 pieds environ.*

Les couches s'étendent sous le lit de la mer et le long des flancs de la basse chaîne de collines qui ferment la frange de la côte sur le golfe du Tonkin. L'existence de ces immensément larges et profondes mines de charbon, est connue depuis maintes années. La campagne du Tonkin a assuré à la France des dépôts de charbon inconcevablement riches.

La grande valeur de ces dépôts de charbon, aussi bien que des riches dépôts de minerais d'antimoine, de cuivre, d'argent, de nickel et d'or, commence à être connue en France. Trois cents tonnes du charbon en question ayant été mises à l'essai sur un bâtiment filant 14 nœuds (le *Pathoan*), et dans son voyage de Hong-Kong à Sanghaï, ce navire a maintenu son maximum de vitesse avec une consommation à peu près égale au taux ordinaire de sa consommation de Cardiff ; si bien que les jours du charbon japonais avec ses 23 ou 27 °/₀ de cendre, comparés aux 2 ou 3 °/₀ du charbon tonkinois sont comptés, au moins pour ce qui concerne la consommation de Hong-Kong (environ 60,000 tonnes par mois) sans parler des 28,000 tonnes de la consommation mensuelle de Singapour.

En effet, le charbon tonkinois, avec ses 2 ou 3 % seulement de cendre, laisserait d'autant plus d'espace pour la cargaison, ou bien les bâtiments pourront, avec un poids donné de charbon, aller d'autant plus loin renouveler leur approvisionnement.

Le reste des richesses minières est à l'avenant.

Aussi qu'est-il arrivé.

Les Anglais ont avancé 25 millions pour en commencer l'exploitation. Les actions ont monté de 500 à 3.000 francs.

Ils se sont emparés des mines de Hon-Gay et de Dong-Trieu, ils ont fourni de l'argent à 7 p. 100 pour le fameux chemin de fer de Lang-Son.

Et nous, naïfs et gogos, nous regardons pendant ce temps refroidir les marrons que nous avons tiré du feu.

Quand ils seront totalement froids, nous nous déciderons peut-être à les ouvrir.

Vous voyez n'est-ce pas les résultats merveilleux que nous donneraient les Compagnies à chartes.

C'est là un projet sur lequel on a fourni bien des études et qui demanderait à être traité spécialement.

Il nous reste à voir le rôle de l'État et les moyens à sa disposition pour pousser et l'individu et les Compagnies à quitter leur pays pour le bien même de ce pays.

*

Et d'abord la première condition est simplement de faire connaître en France les pays dont on offre la mise en exploitation. Un décret du 16 octobre 1890 disait: « *Il incombe au gouvernement une mission dont il ne saurait se désintéresser. Faire connaître les avantages de la Tunisie par la plus large publicité, épargner le temps et les frais aux personnes que ces avantages tenteront, par un service de renseignements aussi complet que possible, préparer et faciliter les transactions ayant pour objet de multiplier en Tunisie une population agricole expérimentée et d'y asseoir sur des bases solides le régime de la population ».*

C'est très bien tout cela, mais il faudrait l'étendre à toutes les colonies et insister surtout sur ces mots : la plus large publicité.

Voici comment se comprendrait cette publicité.

Très simplement par voie d'affiches et de brochures illustrées que des COMMISSIONS DE PUBLICITÉ COLONIALE bien distinctes des *commissions d'exploration* seraient chargées de rédiger.

Certes, il faudrait là des gens sérieux, connaissant parfaitement la besogne qui leur incombe.

Ces COMMISSIONS DE PUBLICITÉ COLONIALE arriveraient dans les pays neufs, soit après les explorateurs et sur leurs données, soit même dans les endroits d'accès possible et non explorés, au point de vue commercial.

Elles obtiendraient assez facilement d'excellents résultats.

On finirait par voir en France que la plus lointaine de nos colonies n'est pas au diable et l'on éviterait par la multiplicité des renseignements, ces départs fâcheux dont l'Amérique nous donne le spectacle attristant.

Le travail des commissions de publicité coloniale centralisé en France et utilisé par d'autres commissions métropolitaines composées d'hommes honnêtes, instruits, servirait à documenter toute une série de catalogues, d'affiches, que l'on répandrait à profusion dans les villes, les gares et les campagnes.

Sur ces bases simples d'honnêteté et de science exactement renseignée, on créerait facilement un courant d'opinion favorable à l'émigration vers des contrées garanties, pour ainsi parler, par la compétence probe des hommes dirigeants et où l'on n'aurait pas à craindre les scandaleuses faillites de La Plata et autres, véritatable miroir aux alouettes où bon nombre de gogos et même d'hommes sérieux trouvèrent la ruine sur la foi de mirifiques promesses d'une poignée de chevaliers d'industrie.

Quant aux colonies administrées par nous, il est de la plus grande importance de n'y pas tuer le colon par le fonctionnaire.

Ainsi il ne faudrait pas envoyer légèrement en Cochinchine des fonctionnaires dont le but exclusif serait là-bas d'administrer nos nationaux.

Le fonctionnaire instruit et connaissant la langue et les mœurs du pays dès son arrivée obtiendrait des résultats extraordinaires chez ce peuple où le lettré occupe la place prépondante, où ce mot *lettré* se désigne par le même caractère que celui de *perfection*.

Il faut que nos fonctionnaires indo-chinois soient bien pénétrés qu'ils ont affaire à la nation la plus vieille du monde et que la couleur ne fait pas la supériorité d'une race.

*   *

Et maintenant, je le répète, nous avons à lutter contre l'Angleterre, l'Allemagne, l'Italie. N'ajoutons pas à cette liste de nos ennemis celle des peuples avec lesquels nous voulons nouer des relations.

N'oublions pas que la politique coloniale est avant tout humanitaire et que le Canada malgré sa rétrocession à l'Angleterre n'en est pas moins une belle colonie française et de bon rapport.

N'oublions pas surtout que ce qu'a fait l'Angleterre est à la portée de tous les peuples patients et courageux.

Montrons-nous plus généreux envers nos explorateurs. Multiplions-en le nombre et les ressources.

Ce n'est pas là de l'argent gaspillé, nos voisins en savent quelque chose.

Et si à nos côtés résonne le fusil anglo-saxon sous le couvert d'un drapeau civilisé, souvenons-nous et montrons au monde qu'en quelque endroit que flottent nos trois couleurs, elles gardent toujours en leurs plis un peu de l'air de France et que cet air est celui de la liberté.

Et soyons persuadés que si nos pères de la grande Révolution ont seuls su donner à la patrie qu'ils avaient glorieusement formulée, les frontières continentales aujourd'hui entamées, leurs fils sauront bien donner à la République paternelle d'autres frontières plus vastes et plus belles encore puisqu'elles borneront la République du monde.

Lucien HUBERT.

Août 1893.

COMPIÈGNE

IMPRIMERIE HENRY LEFEBVRE

31, RUE DE SOLFERINO, 31

www.ingramcontent.com/pod-product-compliance
Lightning Source LLC
Chambersburg PA
CBHW061247030726
47595CB00004B/1741